AF603173

DU

PASSAGE DES PROJECTILES

A TRAVERS

LES MURAILLES CUIRASSÉES

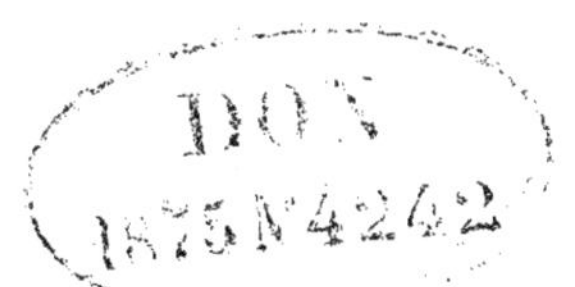

EN VENTE A LA MÊME LIBRAIRIE

Extraits du Mémorial de l'Artillerie de la Marine.

. AIDE-MÉMOIRE DE BALISTIQUE EXPÉRIMENTALE, à l'usage des personnes appelées à s'occuper d'expériences d'artillerie, par M. SEBERT, capitaine d'artillerie de la marine. Br. in-8. 3 fr.

II. ÉTUDE SUR LA RÉSISTANCE DES TUBES MÉTALLIQUES SIMPLES OU COMPOSÉS, avec application à la construction des bouches à feu, par M. VIRGILE, colonel d'artillerie de la marine. 1 vol. in-8, avec planches . . . . 4 fr.

III. EXPÉRIENCES EXÉCUTÉES EN 1870 ET 1872, A VINCENNES ET A CHERBOURG, SUR UN AFFUT A ÉCLIPSE proposé par le vice-amiral LABROUSSE. Brochure in-8, avec planches . . . . . . 3 fr.

IV. RECHERCHES THÉORIQUES SUR LES EFFETS DE LA POUDRE ET DES SUBSTANCES EXPLOSIVES; force et travail des substances explosives, par M. E. SARRAU, ingénieur des poudres et salpêtres. Brochure in-8. 2 fr.

V. INFLUENCE DES AGITATIONS DE L'AIR ET DES MOUVEMENTS DES NAVIRES SUR LE TIR DES PROJECTILES LANCÉS PAR LES CANONS RAYÉS, par M. HÉLIE, professeur à l'École d'artillerie de la marine. Brochure in-8. 1 fr.

VI. DU PASSAGE DES PROJECTILES A TRAVERS LES MURAILLES CUIRASSÉES, par M. HÉLIE, professeur à l'École d'artillerie de la marine. Brochure in-8. . . . . 1 fr.

Paris. – Imprimerie Georges Chamerot, rue des Saints-Pères, 19.

EXTRAIT DU MÉMORIAL DE L'ARTILLERIE DE LA MARINE

DU PASSAGE DES PROJECTILES A TRAVERS LES MURAILLES CUIRASSÉES

PAR M. HÉLIE

PROFESSEUR A L'ÉCOLE D'ARTILLERIE DE LA MARINE.

PARIS

CH. TANERA, ÉDITEUR

LIBRAIRIE POUR L'ART MILITAIRE, LES SCIENCES ET LES ARTS

Rue de Savoie, 6.

1874

DU

PASSAGE DES PROJECTILES

A TRAVERS

LES MURAILLES CUIRASSÉES (*)

---

§ 1. *Données du problème.*

La détermination de la force vive qu'exige le passage d'un projectile à travers une muraille cuirassée étant d'une grande importance pour la marine, on a pensé qu'il serait utile de présenter un résumé succinct des diverses expériences qui ont été faites à ce sujet et d'examiner les conséquences auxquelles elles conduisent. Toutefois cette question est du nombre de celles qu'on ne peut guère espérer de traiter d'une manière réellement satisfaisante, par suite du peu de précision des données que fournit l'observation.

Le plus souvent il règne quelque incertitude relativement à la grandeur de la vitesse avec laquelle le projectile a atteint la cuirasse ; celle qu'il conserve en sortant de la muraille ne peut être appréciée et n'est pas toujours négligeable.

La qualité des plaques offre des variations, et les mu-

(*) Cette note, publiée pour la première fois le 17 décembre 1868, a été revue et complétée depuis à l'aide d'expériences plus récentes.

railles, sur lesquelles on les applique, ne présentent pas constamment la même résistance. De plus les boulets, généralement en acier ou en fonte très-dure, subissent des déformations qui varient de l'un à l'autre.

La manière dont les projectiles agissent sur les plaques en fer forgé dépend de la forme de leur partie antérieure. Ceux qui sont entièrement cylindriques ou dont l'avant est très-aplati ne les traversent qu'en en détachant de larges ménisques.

On retrouve encore ces ménisques lorsque l'avant est hémisphérique, seulement ils ont de moindres dimensions.

Mais il n'en est plus de même quand l'avant a une forme ogivale un peu aiguë, semblable à celle qui est adoptée pour les boulets de la marine française; le métal de la plaque est alors refoulé latéralement.

Dans les expériences exécutées en France, les tirs ont toujours été dirigés contre des murailles en bois revêtues de plaques de fer; mais en Angleterre on a étudié les effets de boulets sur des plaques isolées, c'est-à-dire qui ne s'appuyaient sur aucun matelas. Cette circonstance simplifiait beaucoup la question; c'est ce cas particulier qu'il convient de traiter d'abord.

§ 2. *Passage des projectiles en acier à travers les plaques en fer forgé isolées.*

Toutes les expériences exécutées jusqu'à présent sur la pénétration d'un projectile dans un milieu solide indéfini ont conduit à regarder la résistance qu'il éprouve comme proportionnelle au carré de son diamètre et à une fonction croissante de la vitesse. Cette fonction se compose de deux termes, l'un constant, l'autre, dont le coefficient est généralement très-petit, proportionnel au carré de la vitesse.

Le fer forgé ne fait point sans doute exception à cette loi générale. Cependant il paraît résulter des expériences récemment faites en Angleterre que, dans le passage des projectiles à travers des plaques isolées et formées de ce métal, on peut faire abstraction de l'influence de la vitesse (*).

Soit $\mathcal{E}$ l'épaisseur de la plaque.
a le diamètre } du projectile.
p le poids . . }
W la vitesse que possède le projectile à l'instant du choc.

Les longueurs $\mathcal{E}$ et a seront toujours exprimées en décimètres, la vitesse W en mètres, le poids p en kilogrammes.

La résistance étant regardée comme indépendante de la vitesse, la valeur de W strictement nécessaire pour que le projectile traverse la plaque serait donnée par une équation de la forme :

$$p\,W^2 = H^2\,a^2\,\mathcal{E},$$

H désignant une constante, si le mouvement s'opérait de la même manière que dans un massif indéfini.

Mais il est bien clair qu'en traversant la plaque le mobile n'éprouve pas la même résistance que s'il faisait le même trajet $\mathcal{E}$ dans un massif de même matière et d'une très-grande épaisseur. La valeur de p W² doit donc dépendre du rapport $\frac{\mathcal{E}}{a}$, conformément aux principes de la similitude. Soit donc :

$$p\,W^2 = H^2\,a^2\,\mathcal{E}\,\varphi\left(\frac{\mathcal{E}}{a}\right),$$

$\varphi\left(\frac{\mathcal{E}}{a}\right)$ désignant une fonction nulle avec $\frac{\mathcal{E}}{a}$, croissante

(*) Le rapport de la commission anglaise, rédigé par le capitaine Noble, a été traduit par M. Aloncle, chef d'escadron d'artillerie de la marine, et inséré dans la *Revue maritime* de 1867.

en même temps que ce rapport, mais ne tardant pas à devenir sensiblement constante.

Lorsque $\frac{\varepsilon}{a}$ ne dépasse pas une certaine valeur, on peut sans doute réduire la fonction au premier terme de son développement. Par là on obtient :

$$p\,W^2 = h^2\,a^2\,\varepsilon\,\frac{\varepsilon}{a},$$

ou :

$$p\,W^2 = h^2\,a\,\varepsilon^2,$$

h représentant une nouvelle constante.

La commission anglaise a adopté cette formule, en s'appuyant sans doute sur d'autres considérations (*) et les expériences auxquelles elle s'est livrée ont eu surtout pour but d'en vérifier l'exactitude. Dans ces expériences le rapport $\frac{\varepsilon}{a}$ était toujours inférieur à l'unité.

Le passage du projectile dépendrait donc uniquement de la grandeur de sa force vive. Peu importerait la grandeur du poids pourvu que, la vitesse W variant en sens inverse, le produit $p\,W^2$ conservât la même valeur.

La force vive strictement nécessaire au passage serait proportionnelle au diamètre du mobile et au carré de l'épaisseur de la plaque.

En prenant la racine carrée des deux membres de l'équation, on a :

$$W\sqrt{p} = h\,\varepsilon\sqrt{a},$$

$$h = \frac{W}{\varepsilon}\sqrt{\frac{p}{a}}.$$

Il est clair d'ailleurs que si, des diverses séries d'expé-

(*) Probablement en regardant à chaque instant la résistance comme proportionnelle au contour transversal du boulet et à l'épaisseur qui lui reste encore à traverser.

riences, on déduit pour le coefficient h des valeurs sensiblement égales, les considérations précédentes pourront être regardées comme suffisamment exactes. Il est vrai qu'elles supposent dans les plaques d'épaisseurs différentes une homogénéité sur laquelle on ne peut guère compter.

Ces préliminaires posés, il faut examiner les résultats obtenus par la commission anglaise.

Les projectiles étaient massifs et en acier; il y en avait de deux sortes, les uns sphériques, les autres cylindriques, à avant hémisphérique, les premiers lancés par des canons lisses, les autres par des canons rayés.

La bouche à feu était placée à $91^{m},4$ des plaques. La vitesse du projectile était toujours mesurée à une petite distance et on en déduisait celle qu'il devait avoir à l'instant du choc.

Les boulets, après avoir traversé les plaques, étaient reçus dans une butte en terre.

Première expérience (*).

Épaisseur des plaques $\mathcal{E} = 1^{d},397$,
Diamètre des boulets $a = 1^{d},580$.

FORME DES BOULETS.		POIDS des boulets (p).	VITESSE au choc (W).	VALEUR de $W\sqrt{p}$.	NOMBRE de coups.	PÉNÉTRATION moyenne dans la butte en terre.
		kil.	mèt.			décimèt.
Sphérique		15,84	576,5	2.295	3	7,05
Cylindrique, l'avant hémisphérique.	long. $2^{d},294$.	30,94	417,4	2.321	3	10,00
	long. $3^{d},418$.	48,407	338,6	2.356	2	10,00

(*) Tableau II du rapport du capitaine Noble.

Les boulets des trois sortes avaient le même diamètre, leurs poids étaient très-différents, mais leurs forces vives ne présentaient que de très-légères variations et ils ont traversé les plaques à peu près de la même manière.

En prenant une moyenne on a :

$$W\sqrt{p} = 2.324.$$

Deuxième expérience (*).

Épaisseur des plaques, 1^d,397.

FORME DES BOULETS.	DIAMÈTRE des boulets (a).	POIDS des boulets (p).	VITESSE au choc (W).	VALEUR de $W\sqrt{\frac{p}{a}}$.	NOMBRE de coups.	PÉNÉTRATION dans la butte en terre.
	décimèt.	kil.	mèt.			décimèt.
Sphérique.	2,253	47,73	382,2	1.777	2	9,9
Cylindrique, l'avant hémisphérique. . . .	1,753	47,70	338,9	1.769	2	6,1
Sphérique.	1,580	16,13	557,5	1.781	1	4,6

Les boulets étaient de trois diamètres différents, et cependant les trois valeurs de $W\sqrt{\frac{p}{a}}$ sont presque égales. Il en résulte que, toutes choses égales d'ailleurs, le projectile, pour traverser la plaque, doit posséder une force vive proportionnelle à son diamètre.

En prenant la moyenne des valeurs donnée par les cinq coups, on a :

$$W\sqrt{\frac{p}{a}} = 1.775.$$

(*) Tableau III du rapport du capitaine Noble.

Troisième expérience (*).

Épaisseur des plaques $\mathcal{E} = 1^d,143$.
Diamètre des boulets $a = 1^d,580$.

FORME DES BOULETS.	POIDS des boulets (p).	VITESSE au choc. (W).	VALEUR de $W\sqrt{p}$.	NOMBRE de coups.	
	kil.	mèt.			
Sphérique.	16,125	449,8	1.806	3	Les boulets ne possédaient que la vitesse strictement nécessaire pour leur passage.
Cylindrique, l'avant hémisphérique. .	28,960	329,8	1.829	3	
	48,375	261,8	1.821	3	

Ainsi que dans la première expérience, les boulets avaient le même diamètre ; les trois valeurs de $W\sqrt{p}$ n'offrent que de très-légères différences. Valeur moyenne :

$$W\sqrt{p} = 1.819.$$

Il reste à examiner si les trois expériences s'accordent à donner à peu près la même valeur pour le coefficient h. Leurs résultats sont rassemblés dans le tableau suivant.

	ÉPAISSEUR DES PLAQUES ($\mathcal{E}$).	VALEUR DE $h = \frac{W}{\mathcal{E}}\sqrt{\frac{p}{a}}$.	
Première expérience. . .	$1^d,397$	1.324	1.297
Deuxième — . . .		1.271	
Troisième — . . .	$1^d,143$	1.380	

(*) Tableau V du rapport du capitaine Noble.

Dans la première expérience et aussi dans la deuxième, les boulets, après avoir traversé les plaques, conservaient assez de vitesse pour pénétrer dans la butte en terre ; dans la troisième ils n'avaient guère que la vitesse strictement nécessaire à leur passage. Nonobstant cette circonstance, les deux premières valeurs de h sont inférieures à la troisième. Ainsi la valeur de h se montre décroissante à mesure que l'épaisseur des plaques devient plus grande, ce qui s'explique d'ailleurs par les difficultés que rencontre la fabrication.

Sans doute ces difficultés tendent tous les jours à s'amoindrir, et on peut espérer qu'à l'avenir la qualité des plaques dépendra beaucoup moins de leur épaisseur; mais si on veut avoir égard à l'état actuel des choses, on est inévitablement conduit à modifier la formule. Il faut alors cesser de regarder h comme une constante.

L'expression :

$$h = \frac{1.440}{\sqrt[3]{\mathcal{E}}},$$

satisfait assez bien à toutes les conditions. En y faisant $\mathcal{E} = 1,143$, on trouve $h = 1.377$, nombre très-peu différent de celui qui est inscrit dans le tableau. Lorsqu'on prend $\mathcal{E} = 1,397$ on obtient 1.283. Ce nombre intermédiaire entre les deux qui sont portés dans le tableau est vérifié par les résultats d'une expérience dans laquelle cinq boulets d'acier cylindriques et à avant hémisphérique du diamètre de $1^d,748$ et à très-peu près de même poids ont été tirés avec la même charge, contre une plaque ayant précisément l'épaisseur de $1^d,397$. Leur poids moyen était de $50^k,135$, la vitesse moyenne au moment du choc était égale à $338^m,3$. Trois de ces projectiles ont traversé les plaques; les deux autres les ont également percées, mais s'y sont arrêtés. La valeur de h déduite de ces données est 1.270 et nécessairement un peu faible (*).

(*) Tableau X du rapport du capitaine Noble.

La formule :

$$\frac{W}{\mathcal{E}}\sqrt{\frac{p}{a}}=\frac{1.440}{\sqrt[3]{\mathcal{E}}},$$

où :

$$W\sqrt{\frac{p}{a}}=1.440\,\mathcal{E}^{\frac{2}{3}},$$

est donc la conséquence des expériences de la commission anglaise.

On en tire :

$$p\,W^2=2.073.600\,a\,\mathcal{E}^{\frac{4}{3}}.$$

En sorte que la force vive qu'exige le passage est proportionnelle au diamètre du mobile et à la puissance $\frac{4}{3}$ de l'épaisseur des plaques.

Les progrès de la fabrication apporteront sans doute des modifications à ces résultats. Admettant que l'expression conserve la même forme, c'est-à-dire qu'on ait toujours :

$$p\,W^2=N\,a\,\mathcal{E}^{\alpha},$$

le coefficient N, égal ici à 2.073.600, aura une valeur plus grande, et l'exposant α se rapprochera de plus en plus du nombre 2.

Supposons maintenant qu'un boulet possède, à la rencontre d'une plaque, une vitesse V supérieure à celle W qu'exige strictement son passage. Soit U la vitesse qu'il conserve après sa sortie. La résistance étant regardée comme indépendante de la vitesse, le passage doit dans tous les cas absorber la même force vive ; par suite :

$$p\,V^2=p\,W^2+p\,U^2,$$

ou :

$$V^2=W^2+U^2.$$

§ 3. *Expériences de Gavre.*

Murailles. — Projectiles.

Les murailles sur lesquelles on a opéré à Gavre étaient construites en chêne et massives ; elles avaient généralement 6 mèt. de hauteur et 12 mèt. de longueur horizontale. La membrure était composée de poutres verticales et jointives, ayant ordinairement 35 cent. d'équarrissage, quatre dés cylindriques en chêne comprimé réunissaient les poutres en contact ; leur diamètre, égal à leur longueur, était de 12 centimètres. Des pièces horizontales formaient le bordé et le vaigrage. L'épaisseur totale était ordinairement de 80 à 84 centimètres. Des boulons et des chevilles en fer reliaient entre elles les trois parties du système. Un grillage établi sur le sol recevait et fixait la partie inférieure de la membrure. De nombreux arcs-boutants placés du côté du vaigrage maintenaient la muraille.

Les plaques en fer formant la cuirasse étaient fixées sur le bordé par de longues vis à bois disposées en quinconce. La longueur horizontale de ces plaques était ordinairement de $3^{m},20$, et leur hauteur de 80 centimètres.

Les projectiles ogivaux et massifs qu'emploie la marine, sont à peu près semblables et peuvent être considérés comme tels dans les recherches dont il s'agit.

Rapport moyen au diamètre		
	de la longueur de l'ogive.	1,171
	du rayon de l'arc ogival	1,624
	de la longueur totale.	2,238 ou 2,441,

suivant que le projectile est en acier ou en fonte.

La pointe de l'ogive n'est jamais arrondie ou tronçonnée.

Lorsque les boulets en acier traversent les plaques, leur partie antérieure éprouve une dépression et leur diamètre s'agrandit un peu vers la naissance de l'ogive.

Les boulets en fonte très-dure dont on fait aussi usage sont moins exposés aux déformations, mais alors les ruptures deviennent plus fréquentes ; il est vrai qu'elles s'opèrent le plus souvent assez tard pour que la pénétration n'en soit pas affectée, la séparation des parties ne s'effectuant qu'après la sortie de la muraille.

Le tableau suivant fait connaître les diamètres et les poids attribués aux projectiles dans les calculs ultérieurs.

Boulets ogivaux et massifs de	16 cent.	19 cent.	24 cent.	27 cent.
Diamètre.	1^d,623	1^d,915	2^d,37	2^d,71
Poids.	45 kil.	75 kil.	144 kil.	216 kil.

Il est clair que, pour apprécier la résistance des plaques, il faut préalablement connaître sous quelles conditions les projectiles traversent la muraille lorsqu'elle n'est pas cuirassée.

§ 4. *Passage des projectiles ogivo-cylindriques à travers les murailles en bois non cuirassées.*

Soit E l'épaisseur de la muraille, exprimée en décimètres.

La vitesse U que le boulet doit posséder pour la traverser est généralement faible ; dès lors et attendu que dans un pareil sujet on ne saurait prétendre à une grande précision, il est permis de regarder la résistance du bois comme étant sensiblement indépendante de la vitesse du mobile. Par suite, en s'appuyant sur les considérations dont on a fait usage à propos du passage des boulets à travers les plaques isolées, on se trouve conduit à adopter encore l'expression :

$$p\,U^2 = h^2\,a\,E^2,$$

ou :

$$U = h\,E\sqrt{\frac{a}{p}}.$$

en conservant à a et p leurs significations antérieures; toutefois on y est moins autorisé, le rapport $\frac{E}{a}$ étant toujours supérieur à $\frac{\varepsilon}{a}$.

Un canon de 14 cent. avait été placé à 80 mèt. d'une muraille en bois construite conformément à la description donnée dans le paragraphe 3 et dont l'épaisseur était égale à $7^d,9$. Les boulets étaient creux : diamètre $1^d,366$; longueur de l'ogive $1^d,687$; rayon de l'arc ogival $2^d,7$; longueur totale $3^d,227$; poids $18^k,65$.

A chaque coup on mesurait la vitesse.

Les boulets n'ont traversé la muraille que lorsque leur vitesse à l'instant du choc s'est trouvée au moins égale à 202 mètres.

D'après la formule déduite des expériences exécutées à Gavre en 1844, un boulet sphérique ayant le même poids, le même diamètre et la même vitesse s'arrêterait précisément à la profondeur de $7^d,9$ dans un massif en chêne d'une épaisseur indéfinie. Les fortes liaisons qu'on avait établies entre les diverses parties de la muraille rendaient sans doute sa résistance supérieure à celle des massifs de 1844.

En faisant dans la formule ci-dessus $E = 7,9$, $a = 1,366$, $p = 13,65$, $U = 202$, on trouve $h = 95$ à très-peu près.

On a donc l'expression :

$$U = 95\,E\sqrt{\frac{a}{p}}.$$

Application de la formule aux boulets massifs ogivaux de la marine.

Épaisseur de la muraille $8^d,0$.

Boulets ogivaux massifs de. . .	16 cent.	19 cent.	24 cent.	27 cent.
Vitesse U dont le mobile doit être animé pour traverser la muraille.	144 mèt.	$121^m,4$	$97^m,5$	$85^m,1$

Lors des expériences de 1844, des boulets sphériques, du diamètre de $1^d,596$, pesant $15^k,1$ et dont la vitesse moyenne au moment du choc était égale à 478 mèt., pénétraient à une profondeur moyenne de $13^d,5$ dans un massif d'une grande épaisseur. On a réduit cette dernière à $16^d,5$; deux boulets ont pénétré l'un à $15^d,6$, l'autre à $14^d,2$. Enfin deux autres ont entièrement traversé un nouveau massif dont l'épaisseur n'était plus que de 15 décimètres. (*Balistique expérimentale*, page 199.)

Introduisant ces résultats dans la formule, c'est-à-dire faisant $U = 478$, $E = 15$, $a = 1,596$ et $p = 15,1$, on trouve $h = 98$. Ce nombre ne s'écarte pas beaucoup de celui qu'on a adopté d'après l'épreuve faite sur la muraille ; toutefois il lui est un peu supérieur, ce qui paraît en contradiction avec la remarque concernant la résistance des massifs de 1844. Mais il est à observer que, dans l'expérience que l'on vient de citer, les boulets avaient une grande vitesse et le rapport $\frac{E}{a}$ était presque égal à 10. Ces circonstances s'écartaient des conditions sur lesquelles on s'est appuyé pour établir la formule, et les résultats devaient nécessairement conduire à une valeur de h trop grande.

§ 5. *Passage des projectiles ogivaux à travers les murailles en bois cuirassées.*

Supposons d'abord qu'un certain intervalle sépare la cuirasse et la muraille.

Le projectile rencontrant une plaque avec la vitesse V, doit en sortir avec la vitesse U nécessaire à son passage à travers la muraille en bois.

La résistance étant regardée comme indépendante de la vitesse, il faut qu'il en soit de même de la perte de force vive que le mobile éprouve en traversant la plaque. Si donc W désigne la vitesse strictement suffisante pour assurer son passage à travers cette plaque supposée isolée, on aura :

$$p\,(V^2 - U^2) = p\,W^2,$$

ou :

$$V^2 = W^2 + U^2.$$

Cette relation doit encore subsister lorsque supprimant tout intervalle entre la cuirasse et la muraille, on les met en contact sans établir de nouvelles liaisons dans le système, car par là on n'introduit aucune force nouvelle. Les choses cependant se passent un peu différemment, vu que pendant un certain temps le mobile agit à la fois sur les plaques et sur le bois.

L'expérience fait connaître la vitesse V, la vitesse U se déduit de la formule du paragraphe 4, on peut donc en se servant de la relation précédente obtenir dans chaque cas la valeur de W. Toutefois il est à observer qu'on établit toujours une certaine liaison entre la cuirasse et la muraille, et de là résulte un accroissement de résistance. La valeur V et par suite celle que l'on trouve pour W doivent être un peu plus grandes que si cette liaison n'existait pas.

Voici maintenant les données que fournissent les expériences.

Épaisseur E de la muraille en bois.	$8^d,0$				
Épaisseur $\mathcal{E}$ des plaques. . . .	$1^d,2$		$1^d,5$		$2^d,2$
Désignation des projectiles . . .	16 cent.	19 cent.	19 cent.	24 cent.	27 cent.
Vitesse V avec laquelle les projectiles ont atteint les plaques lorsqu'ils ont traversé la muraille.	380 mèt.	325 mèt.	365 mèt.	298 mèt.	325 mèt.
Valeur de $W = \sqrt{V^2 - U^2}$. . .	367,6	301,5	344,2	281,6	313,6

Ces divers résultats sont déduits de plusieurs coups où les plaques étaient de bonne qualité et où les boulets n'éprouvaient que de très-légères déformations; en outre dans la partie atteinte la muraille n'avait pas été endommagée antérieurement. A chaque coup la vitesse était mesurée à 40 ou 50 mèt., et on en déduisait la valeur qu'elle devait avoir à l'instant du choc.

En introduisant les données que fournit le tableau ci-dessus dans la formule adoptée par la commission anglaise, savoir $W\sqrt{\frac{p}{a}} = h\,\mathcal{E}$, on obtient comme précédemment pour h ou $\frac{W}{\mathcal{E}}\sqrt{\frac{p}{a}}$ des valeurs qui décroissent à mesure que l'épaisseur des plaques devient plus grande. Elles sont inscrites dans le tableau ci-après. On y verra que, de même que pour les expériences anglaises, la quantité $h\sqrt[3]{\mathcal{E}}$ ou $\frac{W}{\mathcal{E}^{\frac{2}{3}}}\sqrt{\frac{p}{a}}$ se montre à peu près constante.

Épaisseur des plaques.	$1^d,2$		$1^d,5$		$2^d,2$
Désignation des boulets.	16 cent.	19 cent.	19 cent.	24 cent.	27 cent.
Valeur de $\frac{W}{\mathcal{E}}\sqrt{\frac{p}{a}}$.	1.525	1.571	1.436	1.463	1.273
Valeur de $\frac{W}{\mathcal{E}^{\frac{2}{3}}}\sqrt{\frac{p}{a}}$.	1.621	1.671	1.643	1.675	1.655

Les variations que présentent les valeurs de $\frac{W}{\mathcal{E}^{\frac{2}{3}}}\sqrt{\frac{p}{a}}$ sont faibles et ne paraissent pas dépendre de l'épaisseur des plaques. On remarquera sans doute que, pour les plaques de 12 cent., de même que pour celles de 15 cent., la moindre valeur correspond au boulet du plus petit calibre, mais il suffirait d'apporter de très-légers changements aux vitesses pour faire disparaître les différences et ce n'est point sur de pareils indices que l'on pourrait songer à modifier la formule.

On est donc autorisé à adopter l'expression :

$$W = 1.660\, \mathcal{E}^{\frac{2}{3}} \sqrt{\frac{a}{p}};$$

elle convient à l'état actuel de la fabrication des plaques. Le coefficient 1.660 surpasse notablement celui que l'on a trouvé précédemment en discutant les expériences anglaises, savoir 1.440 : il est vrai que, comme on en a déjà fait l'observation, les valeurs obtenues dans le cas actuel pour les vitesses W doivent être un peu trop fortes, vu qu'en les calculant on n'a pas tenu compte des liaisons établies au moyen des vis à bois entre la cuirasse et la muraille ; mais cette circonstance paraîtra sans doute insuffisante pour expliquer la grandeur de la différence.

D'ailleurs il ne semble pas que jusqu'à présent on soit disposé à penser que la forme hémisphérique de l'avant des projectiles employés par la commission anglaise ait, au point de vue de la pénétration dans la plaque, quelque avantage sur la forme ogivale; mais peut-être l'acier dont étaient formés ces projectiles opposait-il aux déformations un obstacle supérieur; sinon il faut admettre que les plaques des expériences anglaises offraient moins de résistance que celles sur lesquelles on a opéré à Gavre.

Quoi qu'il en soit, il résulte de ce qui précède, que la vitesse qui assure le passage d'un projectile ogival, analogue à ceux de la marine française, à travers une muraille en chêne recouverte de plaques en fer forgé, peut être calculée à l'aide de trois équations :

$$U = 95\, E \sqrt{\frac{a}{p}},$$

$$W = 1.660\, \mathcal{E}^{\frac{2}{3}} \sqrt{\frac{a}{p}},$$

$$V^2 = U^2 + W^2;$$

on en tire :

$$V^2 = \frac{a}{p}\,(9.025\, E^2 + 2.755.600\, \mathcal{E}^{\frac{4}{3}}),$$

les épaisseurs E et $\mathcal{E}$ de la muraille en bois et des plaques étant évaluées en décimètres, ainsi que le diamètre *a* du projectile, les vitesses V, W, U en mètres, le poids *p* en kilogrammes.

En faisant l'application de ces formules aux boulets massifs ogivaux de la marine, on obtient le tableau suivant.

Épaisseur de la muraille en bois $E = 8^d,0$.

Épaisseur des plaques $\mathcal{E}$. .	$1^d,2$			$1^d,5$		
Désignation des projectiles. .	16 cent.	19 cent.	24 cent.	19 cent.	24 cent.	27 cent.
Vitesse W suffisante pour que le projectile traverse la plaque isolée . . (mèt.)	358,9	299,5	240,8	347,5	279,0	243,1
Vitesse V suffisante pour que le boulet traverse la muraille cuirassée. (mèt.)	384,0	323,2	259,5	368,2	295,6	258,1
Épaisseur des plaques $\mathcal{E}$. .	$2^d,0$			$2^d,2$		
Désignation des projectiles. .	19 cent.	24 cent.	27 cent.	24 cent.	27 cent.	
Vitesse W suffisante pour que le projectile traverse la plaque isolée . . (mèt.)	421,0	338,0	295,1	360,2	314,5	
Vitesse V suffisante pour que le boulet traverse la muraille cuirassée. (mèt.)	438,3	351,8	307,5	373,2	325,8	

Il ne faut pas s'attendre à ce que les indications des formules soient constamment d'accord avec les faits que l'on aura occasion d'observer.

La qualité des plaques n'est pas toujours la même et les boulets des diverses provenances éprouvent des déformations fort différentes; de là des variations qu'il n'est pas possible d'éviter. C'est ainsi que, dans une première épreuve, on a vu des boulets de 27 cent. rester engagés dans des plaques de 22 cent., bien que leur vitesse fût d'environ 330 mèt.; les fentes que l'on remarquait sur le culot indiquaient que le tir les avait fortement altérés.

Quelquefois au moment du choc, l'axe des projectiles s'écarte sensiblement de la normale à la plaque, et la pénétration se trouve amoindrie. On conçoit que cette circonstance doit se présenter fréquemment lorsqu'on opère à une certaine distance.

Les variations qu'éprouvent les vitesses initiales, lors même qu'on s'attache à rendre toutes les circonstances du tir aussi identiques que possible, sont encore une source de mécomptes. Si on veut que tous les boulets traversent la muraille, il faut que leur vitesse moyenne au moment du choc surpasse celle qui serait suffisante pour assurer leur passage ; car si elle était seulement égale à cette dernière, la moitié environ des projectiles aurait des vitesses inférieures et par conséquent serait arrêtée.

On n'est en droit d'appliquer les formules précédentes qu'à des projectiles dont les formes sont à peu près semblables à celles des boulets adoptés par la marine.

§ 6. *Cuirasses composées de lames superposées.*

Quelquefois, à défaut de plaques d'une grande épaisseur, on emploie des assemblages de lames superposées, mais alors il ne faut plus compter sur la même résistance.

Soit par exemple un assemblage de n lames ayant toutes l'épaisseur $\mathcal{E}$. La perforation de chacune d'elles exige, d'après ce qui précède, une force vive proportionnelle à $\mathcal{E}^{\frac{4}{3}}$. Si donc on n'établit entre elles aucune liaison, la perforation de leur ensemble n'exigera qu'une force vive proportionnelle à $n\ \mathcal{E}^{\frac{4}{3}}$ ou à $\left(\frac{n\ \mathcal{E}}{\sqrt[4]{n}}\right)^{\frac{4}{3}}$; en sorte que le système de n lames, bien que présentant une épaisseur totale égale à $n\ \mathcal{E}$, n'équivaudra qu'à une plaque dont l'épaisseur sera $\frac{n\ \mathcal{E}}{\sqrt[4]{n}}$.

Il est vrai que les liaisons qu'on a soin d'établir entre les lames atténuent cette infériorité ; mais elles ne peuvent jamais la faire disparaître.

§ 7. *Projectiles cylindriques.*

Jusqu'à présent il n'a été fait aucune expérience en vue de connaître les forces vives que doivent posséder les boulets cylindriques pour qu'ils puissent traverser des plaques isolées, et peut-être ne diffèrent-elles pas beaucoup de celles qu'il faut aux boulets ogivaux; mais les larges ménisques que les projectiles cylindriques détachent des plaques et poussent en avant, deviennent un obstacle à leur passage dans le bois; lorsque cependant ils le traversent, ils y produisent de grands dégâts.

Il faut pour cela qu'ils possèdent au moment du choc une force vive considérable, et la grande résistance qu'ils éprouvent de la part de l'air avant d'atteindre la muraille diminue notablement leur vitesse. On ne les emploie donc qu'à de faibles distances.

§ 8. *Tir oblique contre les murailles cuirassées.*

En 1869 ce tir a été l'objet de quelques expériences.

L'épaisseur des plaques était égale à $1^d,5$.

Un canon de 24 cent. était placé à 80 mèt. de la muraille. La charge de poudre pesait 24 kilogrammes.

A chaque coup on mesurait la vitesse à la distance de 50 mèt. et on en déduisait la vitesse au moment du choc.

Chaque plaque ne recevait que trois coups, savoir : un vers le milieu, les deux autres à environ 50 cent. des extrémités.

Dix coups ont été tirés sous chacune des incidences de 20° et 30°, savoir :

2 avec boulets ogivaux massifs. . } fonte dure de Gradatz (Au-
2 — — creux. . . } triche).

2 avec boulets ogivaux creux en acier (usine de M. Verdié).
2 avec boulets cylindriques en acier
2 avec boulets ogivaux massifs en acier . . . . } usine de MM. Petin et Gaudet.

Tous ces projectiles avaient à peu près le même poids, 144 kilogrammes. Les vitesses au choc ont varié entre 344 et 357 mètres.

Les huit premiers projectiles ont tous été brisés, les boulets ogivaux massifs en acier ont seuls échappé à la rupture.

Sous l'incidence de 20°, la muraille a toujours été traversée; sous celle de 30°, les boulets ou leurs débris sont restés dans le bois.

Ces résultats mettent en évidence la supériorité de l'acier sur la fonte dure, au point de vue de la conservation des projectiles; ils montrent aussi que sous ce rapport la forme ogivale l'emporte sur la forme cylindrique.

L'angle d'incidence a été porté à 40°, deux coups ont été tirés. Les deux boulets étaient ogivaux massifs, l'un en fonte, l'autre en acier ; ils ont été brisés et leurs fragments réfléchis, en laissant sur la plaque une empreinte de forme elliptique.

Lorsqu'un boulet animé d'une vitesse V rencontre la muraille suivant une direction faisant avec la normale un angle i, la composante de la vitesse suivant cette normale est V cos i. Il est assez clair que la muraille ne sera pas traversée si cette composante est inférieure à la vitesse qu'exige la perforation lorsque le mouvement a lieu suivant la normale. Soit V' cette vitesse, qu'il est toujours facile de calculer au moyen des formules du paragraphe 7.

Le passage à travers la muraille ne peut donc avoir lieu qu'autant que la vitesse du boulet égale ou surpasse celle qui est donnée par l'équation :

$$V \cos i = V'.$$

D'après les formules citées, lorsque l'épaisseur des plaques est de $1^d,5$ et qu'il s'agit de boulets ogivaux de 24 cent. et pesant 144 kil., $V' = 296$.

La vitesse moyenne des deux boulets ogivaux en acier qui n'ont pas traversé la muraille, mais dont la pointe avait atteint la surface extérieure du vaigrage, était de 345 mètres. L'angle d'incidence moyen mesuré d'après les positions des points choqués était égal à 31° 25′, ce qui donne 294 pour la valeur de $V \cos i$.

De là on peut conclure que l'équation précédente donnera pour V une valeur sinon tout à fait égale, du moins très-peu inférieure à la vitesse qu'exige la perforation.

TABLE DES MATIÈRES.

FIN DE LA TABLE DES MATIÈRES.

EXTRAIT DU CATALOGUE

Aide-Mémoire de balistique expérimentale, à l'usage des personnes appelées à s'occuper d'expériences d'artillerie, par M. SEBERT, capitaine d'artillerie de la marine. Broch. in-8°. 3 fr.

Étude sur la résistance des tubes métalliques, simples ou composés, avec application à la construction des bouches à feu, par M. VIRGILE, colonel d'artillerie de la marine. 1 vol. in-8°, avec planche. . . . . 4 fr.

Les Canons géants du moyen âge et des temps modernes, par R. WILLE, lieutenant de l'artillerie prussienne, traduit de l'allemand par MM. R. COLARD et S. BOUCHÉ, lieutenants d'artillerie. — 1 vol. in-8°. . . . . 3 fr.

De l'Emploi des shrapnels en campagne, par R. von SICHART, capitaine professeur à l'école de tir d'artillerie. Traduit de l'allemand par R. COLARD, capitaine d'artillerie. — Brochure in-8° . . . . 1 fr. 50

Mémoire sur la permanence de l'armement de défense et sur l'emploi des cuirasses métalliques dans les fortifications d'Anvers, Plymouth et Portsmouth, par le baron BERGE, lieutenant-colonel d'artillerie. — 1 vol. in-8° avec planches. . . . . . 3 fr.

Les Nouvelles Bouches à feu de la marine française, par M. SEBERT, capitaine d'artillerie de marine. — Brochure in-12 avec planche . . . . 1 fr. 50.

Les Mitrailleuses et leur emploi pendant la guerre de 1870-71, par HERMANN, comte THÜRHEIM, capitaine bavarois, traduit de l'allemand par E. J. — Brochure in-8°. . . . 1 fr. 25

De la Construction des bouches à feu de l'artillerie moderne, par M. C. de L. — Brochure in-12. . . . . 75 c.

L'Artillerie de campagne des grandes puissances européennes et les canons rayés, traduit de l'allemand par MÉERT, capitaine d'artillerie. — Brochure in-12. . . . . 50 c.

Loi du mouvement d'un projectile dans l'intérieur du canon, par J. LEFÈVRE, capit. d'artillerie. — Brochure in-12. 50 c.

De la Justesse du tir des bouches à feu et des armes portatives, par M. J. LEFÈVRE, capitaine d'artillerie. — Brochure in-12. . . . . 50 c.

Des Métaux employés dans la fabrication des canons anglais, par J. L., capitaine d'artillerie. — Broch. in-12. 25 c.

Des Canons et fusils à vapeur, par J. L., capitaine d'artillerie — Brochure in-12. 25 c.

Comparaison entre le canon de campagne et la mitrailleuse, par E. KLUTSCHACK. Traduit de l'allemand par DE LA ROQUE, capitaine d'artillerie. — Brochure in-12. . . . . 25 c.

Études sur l'artillerie de campagne. Recherches des moyens de tendre la trajectoire dans le cas des projectiles légers; application à un projet de pièce divisionnaire, par PINAT. br. grand in-8° avec planche. . . . . 2 fr. 50 c.

Notice sur la dynamite, son histoire, sa fabrication, ses propriétés physiques, sa conservation, son emmagasinage et son emploi commode, facile et sûr, par RUGGIERI. — Brochure in-8° avec figures. . . . . 2 fr.

Mémoires scientifiques sur la balistique et l'artillerie, réunis et mis en ordre par de SAINT-ROBERT. 2 vol. in-8° avec figures. 20 fr.

L'Artillerie de campagne française; étude comparative du canon rayé français et des canons étrangers. Broch. in-8°. . 1 fr.

Recherche dans l'état actuel de l'industrie métallurgique de la plus puissante artillerie et du plus formidable navire cuirassé, d'après les lois de la mécanique et les résultats de l'expérience; mémoire suivi de remarques sur la fortification permanente avec les gros canons cuirassés, par CAVALLI. 1 vol. in-4° avec planches. . . . . 15 fr.

Mémoire sur les éclatements remarquables des canons en Belgique, en 1857 et 1858, et ailleurs, à cause des poudres brisantes; sur les chargements défectueux et sur les chargements d'égal effort dans les canons lisses et dans ceux rayés; de leur effet balistique important, et déduction de l'expérience des tensions successives et maxima des poudres brisantes, des poudres pilons et de celles inoffensives, et de leur réception plus rationnelle. Dissertation sur les principes des théories émises, et manière rationnelle de calculer la résistance vive des bouches à feu, de leurs proportions et des épreuves de réception du tir et mécaniques les plus concluantes, et conclusion sur le choix du meilleur métal à canon, par CAVALLI. 1 vol. in-4°, avec planches. . . . . 20 fr.

Mémoire sur la théorie de la résistance statique et dynamique des solides, surtout aux impulsions comme celle du tir des canons, par CAVALLI. 1 vol. in-4° avec planches. . 10 fr.

Supplément à la théorie du choc des projectiles d'artillerie, par CAVALLI. Brochure in-4°. . . . . 2 fr.

Nouvel Obus pour bouches à feu rayées, par BORMANN. Brochure in-8° avec planche. . . . . 2 fr.

Percussions initiales produites sur les affûts dans le tir des bouches à feu; 1re partie, mortiers; 2e partie, canons de siége et de campagne, par COQUILHAT. 1 vol. in-8° avec planches. . 7 fr. 50

Percussions initiales produites sur les affûts dans le tir des bouches à feu; 3e partie, affûts de place et de côte, précédée d'un supplément pour les affûts de campagne et de siége, par COQUILHAT. Br. in-8° avec planches . . . . 2 fr. 50

Description des appareils de maçonnerie les plus remarquables employés dans les constructions en briques, par GRATRY. 1 vol. grand in-8° avec de nombreuses gravures sur bois. . 6 fr.

Essai sur les ponts mobiles militaires, par GRATRY. 1 vol. grand in-8° avec planches. . . . . 8 fr.

Études de balistique expérimentale. Détermination au moyen de la clepsydre électrique de la durée des trajectoires; expériences exécutées avec cet instrument; lois de la résistance de l'air sur les projectiles des canons rayés déduites des résultats obtenus, par LE BOULENGÉ. Brochure in-8° avec planches. . . . . . . 4 fr.

Les Progrès de l'artillerie dans les six dernières années, au point de vue des armées française, italienne, prussienne et suisse, par MÉRIAN, traduit de l'allemand par Alfred Davall. Brochure grand in-8° avec planches. . . . . 3 fr.

Projet d'hôpital militaire, par PIRON. Brochure grand in-8° avec planches . . . . 4 fr.

Essai sur la défense des eaux et sur la construction des barrages, par PIRON. 1 vol. grand in-8° avec planches. . . . 6 fr.

Manuel théorique du mineur; nouvelle théorie des mines, précédée d'un exposé critique de la méthode en usage pour calculer la charge et les effets des fourneaux, et d'une étude sur la poudre de guerre, par PIRON. 1 vol. grand in-8° avec planches. . 12 fr.

Des Forts détachés, par SCHOTT, traduit de l'allemand par Bacharach. Brochure in-8° avec planche . . . . 2 fr.

Mines militaires. Études sur la science du mineur et les effets dynamiques de la poudre (application de la thermodynamique), par WAUWERMANS. 1 vol. in-8° avec planches. . . . . . . 7 fr. 50

De l'Effet du tir à la guerre et de ses causes perturbatrices, par MOSCHELL. Brochure in-8°. . . . . 1 fr.

État de l'armement européen en 1866, par ODIARDI, avec planche. Brochure in-8° . . . . 2 fr.

Des Nouvelles Armes à feu portatives adoptées ou à l'étude dans l'armée italienne, par ODIARDI. Br. in-8° avec planche. 2 fr.

Les Armes à feu portatives rayées de petit calibre, par ODIARDI. Brochure in-8° avec planches . . . . 3 fr.

Des Balles explosives et incendiaires, par ODIARDI. Brochure in-8° avec planches. . . . . 2 fr.

Le Fusil à aiguille, notes et observations critiques sur l'arme à feu se chargeant par la culasse, par DE PLOENNIES, traduit de l'allemand par E. Heydt. Br. in-8° avec planche . . . . 3 fr.

La Nouvelle Poudre à canon, dite poudre Schultze, et ses avantages sur la poudre à canon ordinaire et autres produits analogues, par SCHULTZE, traduit de l'allemand par W. Reymond. Brochure in-8°. . . . . 2 fr.

Étude sur le pistolet au point de vue de l'armement des officiers, par TACKELS. Brochure in-8° avec figures. . . . . . . 1 fr. 50

Conférences sur le tir, et projets divers relatifs au nouvel armement, par TACKELS. 1 vol. in-8° avec planches . . . . . 5 fr.

Étude sur les armes à feu portatives, les projectiles et les armes se chargeant par la culasse, par TACKELS. 1 vol. in-8° avec planches. . . . . 6 fr.

Les fusils Chassepot et Albini, adoptés respectivement en France et en Belgique, par TACKELS. Br. in-8° avec planches. 2 fr.

Armes de guerre; étude pratique sur les armes se chargeant par la culasse; les mitrailleuses et leurs munitions; le canon Montigny-Eberhaerd; le fusil Montigny; les fusils Charrin, Remington, Jenks, Cochran, Howard, Peabody, Dreyse, Chassepot, Snider, Terssen, Albini; les cartouches périphériques, etc. etc., par TACKELS. 1 vol. in-8° avec planches . . . . 8 fr.

L'Électricité appliquée à l'art de la guerre, par BAYLE. Brochure grand in-8° avec planches . . . . 3 fr.

Aide-Mémoire portatif de campagne pour l'emploi des chemins de fer en temps de guerre, d'après les derniers événements et les documents les plus récents, par BODY. 1 vol. in-18 avec planches . . . . 4 fr.

www.ingramcontent.com/pod-product-compliance
Ingram Content Group UK Ltd.
Pitfield, Milton Keynes, MK11 3LW, UK
UKHW021028260726
13994UKWH00005B/2022

9 782329 394114